Grégoire de Visme

LE CODE HITTITE

Code civil et pénal des Hittites

en usage vers -1650

Le texte le plus riche que nous possédions sur la culture indo-européenne de la plus haute Antiquité anatolienne n'est pas un poème, ni un chant, ni une épopée, mais un Code. Le *Code des Nesilim* est un recueil de jurisprudence, dont les sentences étaient gravées sur des grandes bornes de pierre, érigées aux carrefours routiers et aux frontières de l'empire hittite. Il recense des normes et des valeurs qui appartiennent aux peuples de l'Empire, comme les Nesilims (Indo-Européens originaires des Balkans), divers peuples Sémites (originaires du Levant) et les Hourrites originaires du sud Caucase.

Ce Code ne doit pas être envisagé comme une loi propre aux Indo-Européens d'Anatolie, mais plutôt comme une possible loi universelle pouvant s'appliquer à tous les membres de la société hittite, qu'ils fassent partie de la noblesse indo-européenne, de la communauté des esclaves importés depuis l'autre côté des montagnes du Caucase et de Zagros, ou juste de simples expatriés ou commerçants venus des empires égyptiens ou babyloniens.

Sorte de pendant hittite au code babylonien d'Hammourabi, le *Code des Nesilims* fut composé en cunéiforme sur deux immenses tablettes d'argile, entre -1650 et -1500.

Le *Code des Nesilims* reconnaît des droits civils (droits patrimoniaux, droits personnels, droits extrapatrimoniaux) mais également d'autres droits inhérents à la vie sociale (droit du travail, droit de la consommation, droit commercial, etc.) Il tient compte de certains principes, notamment le caractère du « sacré », du droit féodal mais aussi de la sorcellerie. La violation de ces droits donne lieu à réparation soit au titre de la responsabilité civile, soit au titre de la responsabilité pénale.

Le Code des Nesilims reconnaît des droits mais aussi des obligations aux personnes, ces droits et obligations sont différents selon la qualité de la personne. Un homme libre disposera de droits différents de ceux d'un esclave (« Si un homme libre prononce le nom de quelqu'un en tuant un serpent, il devra s'acquitter d'une livre d'argent. Si c'est un esclave, il devra être mis à mort. »).

L'inégalité est en effet inscrite dans le Code (« Si quelqu'un arrache l'oreille d'un homme libre, il devra s'acquitter de 12 sicles d'argent et sa maison sera quitte », mais « si quelqu'un arrache l'oreille d'un esclave homme ou femme, il devra s'acquitter de 3 sicles d'argent. »

Contrairement au *Code d'Hammourabi*, le Code hittite prétend malgré tout à une certaine justice universelle. Même si l'esclave appartient à l'homme libre, il dispose d'un patrimoine propre qui est protégé, lorsque son maître est condamné, le tarif des amendes est adapté à la condition du fautif et donc à ses capacités financières. Les sanctions pécuniaires infligées aux hommes libres sont alors le double de celles infligées aux esclaves (sentences 43, 101, 143, 172).

Le Code des Nesilims est marqué par un désir de rendre la loi flexible et adaptée à chacun. En cas de dommage causé soit à titre de responsabilité civile soit à titre de faute pénale, la sanction peut être pécuniaire, consister en la remise d'un bien consommable (orge, céréales) ou non, d'un animal voire par la remise d'un être humain (esclave ou enfant). On note par ailleurs l'absence de peine d'emprisonnement.

À l'inégalité entre homme libre et esclave, est associée l'inégalité entre les sexes. Un homme libre (ou esclave), n'a pas les mêmes droits, ni les mêmes obligations, ni les mêmes sanctions qu'une femme libre (ou esclave). Le salaire aussi varie (« Si quelqu'un engage un homme, il donne comme salaire 12 sicles d'argent, et comme salaire d'une femme, il donne 6 sicles d'argent. ») Cependant, chose inédite pour la Haute Antiquité, la femme peut divorcer (sentence 26).

La femme hittite doit en effet être respectée, qu'elle soit esclave ou citoyenne vierge. Le fiancé inconséquent est même puni : « Si un homme promet à une fille de l'épouser mais finalement refuse de le faire, il ne pourra pas récupérer les cadeaux qu'il a apportés. » (30).

Une grande liberté est permise dans les arrangements dus au mariage. Comme dans toute société antique, les mariages sont arrangés par les parents ou les chefs de castes. Ces unions sont alors non seulement des alliances mais aussi des investissements. Le mariage dépend en effet du versement d'une dot et a pour conséquence un déménagement parfois onéreux. Une grande liberté est cependant laissée aux Hittites, qui peuvent même revenir sur leur choix, du moment qu'ils en paient les conséquences (et les amendes), comme le stipule très clairement la (29).

Parfois, les règles sont étranges, difficilement compréhensibles à notre époque, si éloignée de celle des Hittites. La sentence 197 tente de punir le viol, mais d'une étrange manière :

> « Si un homme viole une femme dans les montagnes, il est coupable et devra être mis à mort. Mais si l'homme la viole dans une maison, ce sera elle qui sera coupable et qui devra être mise à mort. Si le mari les surprend et les tue, il n'y aura là aucune offense. »

Une telle sentence s'explique par le fait qu'il était strictement interdit à une femme ou à une esclave travaillant dans une maison, de laisser entrer un homme qui ne soit pas de la famille du maître. Une telle coutume est encore largement répandue de nos jours dans les pays musulmans d'Afrique du nord et du Moyen-Orient. Une femme qui aurait laissé entrer un homme chez elle en l'absence de son mari légitime, était donc de facto coupable, au mieux de négligence, au pire d'adultère. Pour éviter tout débat, un homme est coupable de viol sur la parole d'une femme et donc puni de mort, sauf dans le cas litigieux où le viol se déroulerait au domicile d'une femme.

Pour établir ce texte, nous nous sommes aidé des travaux de :

- Isabelle Fontanille : *Les lois hittites : traduction, commentaire*, Revue Ktèma 12, Strasbourg, 1987.
- Paul Halsall : *The Code of the Nesilim,* Ancient History Sourcebook, 1998.
- Martha Tobi Roth : *Law Collections from Mesopotamia and Asia Minor,* 2nd Édition, Scholars Press, Atlanta, 1997.
- Oliver J. Thatcher : *The Library of Original Sources Vol. III :*

The Roman World, Milwaukee University Research Extension, 1901.

Nous avons joint au texte initial les sentences 49 et 50 des édits du roi hittite Telipinu (-1525 à -1495). Ces sentences sont habituellement ajoutées aux tablettes du code hittite.

N. B. : l'expression « somme à prendre sur ses biens » doit être comprise de la façon suivante : un homme reconnu coupable d'un méfait devra s'en acquitter, c'est-à-dire en payer les conséquences, sans voler un autre homme ni saisir les biens de ses esclaves ou de ses serfs. En somme, un coupable devra répondre de ses actes en s'acquittant lui-même de son amende ou de sa peine. Il ne pourra donc pas déroger en saisissant les biens, les membres de la famille ou les esclaves d'une personne sur laquelle il exerce une autorité ou qui se situe en dessous de lui dans l'échelle sociale.

Par ailleurs, le « tukul » est une obligation que le citoyen doit remplir, souvent agricole et liée à un terrain à entretenir. Nous avons donc remplacé ce terme par celui d'obligation. Le « luzzi » est une obligation civique, dont fait partie le service militaire tandis que le « sabban » sont les services féodaux.

Enfin, si Fontanille traduit la céréale hittite par « blé », Roth préfère la nommer « orge ».

LA LOI SACRÉE

173. Si quelqu'un s'oppose au jugement du roi, sa maison sera réduite en ruine. Si quelqu'un s'oppose au jugement d'un seigneur, sa tête sera coupée. Si un esclave se rebelle contre son maître, il sera mis au trou.

75. Si quelqu'un attache un bovin, un cheval, une mule ou un âne, et qu'un loup dévore l'animal ou que celui-ci s'échappe, il devra s'en acquitter d'un autre. Mais si le fautif dit que l'animal est mort par la volonté d'un dieu, alors il prêtera serment pour ce qu'il prétend.

163. Si un animal devient fou, son propriétaire devra le ramener chez lui et pratiquer sur lui les rituels de purification. Une fois la boue de rituel appliquée sur l'animal, si son propriétaire jette la boue dans un enclos à boue sans en prévenir les voisins et que ces voisins y mènent leurs propres animaux et que ceux-ci en meurent, celui qui a fait le rituel devra les compenser.

164. Si quelqu'un vient faire une saisie et provoque une querelle et rompt soit le pain sacrificiel soit les ustensiles de libation, alors il devra s'acquitter d'un mouton, de 10 pains, d'un pichet d'une bière fine. La maison devra être purifiée à nouveau et le querelleur ne pourra pas s'en approcher toute une année durant.

165, alors il devra s'acquitter d'un mouton, de dix pains, d'un pichet de bière fine. La maison devra être purifiée à nouveau et le querelleur ne pourra pas s'en approcher toute une année durant.

166. Si quelqu'un répand des graines sur les cultures d'un autre, sa tête sera mise à la charrue. On attellera alors deux bœufs, dont l'un tirera sur un côté et l'autre vers un autre côté. Les bœufs et les fautifs seront ainsi sacrifiés. Ensuite, le propriétaire initial du champ récoltera les fruits de ce champ. C'est comme ça que l'on faisait avant.

167. À présent, on place à la place du fautif et des bœufs trois moutons, et le coupable s'acquitte de 30 pains, 3 pichets de bière et il purifiera à nouveau le champ. Ensuite, le propriétaire initial du champ récoltera pour lui.

168. Si quelqu'un viole les limites d'un champ et utilise un sillon de champ voisin, le propriétaire de ce champ voisin devra se

tailler sur la propriété du coupable un sillon de 25 cm attenant à son propre champ. Le coupable devra s'acquitter d'un mouton, de 10 pains et d'un pichet de bière, et il devra consacrer à nouveau ce champ.

169. Si quelqu'un achète un champ mais viole ses limites, celui qui est lésé devra rompre un gros pain et l'offrir au dieu soleil en disant : « tu n'as pas respecté ta part. » Ce à quoi il lui sera répondu : « par le dieu soleil et par le dieu tonnerre, je n'avais pas l'intention d'initier une dispute. »

LA SORCELLERIE

111. Si quelqu'un façonne de l'argile en vue d'une figurine, il s'agit de sorcellerie et cela relève de la cour du roi.

Telipinu 50 : Concernant les cas de sorcellerie, les instances enquêtrices devront être saisies et s'occuper du cas. Quiconque appartenant à la famille royale pratique la sorcellerie sera arrêtée et menée devant le tribunal royal. Cela se passera très mal pour lui, ainsi que pour ses proches et les membres de son foyer qui ne pourront rien faire pour lui.

170. Si un homme libre prononce le nom de quelqu'un en tuant un serpent, il devra s'acquitter d'une pound d'argent (454 kg). Si c'est un esclave, il devra être mis à mort.

LE SERVICE FEODAL
(Service devant être accompli envers un Seigneur)

ET LES TENURES
(Dans la féodalité, mode de concession d'une terre)

47. Si quelqu'un devient propriétaire d'un terrain par la grâce royale, alors il n'a pas à s'occuper du terrain. Sur le trésor, le roi lui fournira de quoi manger.

47.b. Si quelqu'un achète entièrement un terrain soumis à obligations, il doit s'en acquitter. Mais s'il n'achète qu'une partie du terrain, il ne sera pas soumis à ses obligations. Si quelqu'un se crée un champ depuis un terrain vague, ou reçoit de villageois une parcelle, il devra s'en occuper.

49. [Incompréhensible.]

50, Pour le prêtre qui officie dans les villes saintes et les sanctuaires de Nerik, Arinna, Ziplanta, ou dans n'importe quelle autre ville, sa maison est exempte de service civique et militaire (Luzzi). À Arinna, la maison devant les portes de laquelle on aura érigé un arbre-eyan [un pin ?] durant le onzième mois de l'année, en sera elle aussi exempte.

51. Anciennement, la maison d'un tisserand d'Arinna était exempte de services civiques, ainsi que ses associés et ses amis. À présent, seule sa maison en est exempte, mais non plus ses associés et ses amis, qui devront effectuer leurs services civiques. La même règle s'applique à Zippalantiya.

52. L'esclave d'un homme du commun, ou l'esclave d'un prince, ainsi que toute personne soumise au port de l'emblème du roseau, s'il possède des terres soumises à charge (ukul) devra s'acquitter de ses services civiques.

53. Si un homme sujet à la charge Ukul et son associé vivent ensemble, s'ils se disputent et décident de cesser leurs affaires, ils devront diviser leurs biens. Pour 10, celui sujet à obligation touchera 7 et son ancien associé 3. Ils devront aussi se partager les cheptels et les troupeaux de la même façon. [...]

54. Anciennement, les guerriers des villes de Sala, Tamalki, Hatra. Zalpa, Tashiniya et Hemuwa, les archers, les charpentiers, les conducteurs de chars de guerre et leur aurige, n'avaient pas à se plier aux services civiques ni n'avaient d'obligation.

55. Un jour, une délégation de Hittites devant s'acquitter de ses devoirs féodaux se présenta devant la cour. Après avoir rendu les honneurs au père du roi, ils lui dirent : « Personne ne nous a payé notre salaire, et quand nous l'avons réclamé, on nous a répondu que nous devions considérer notre activité comme un service féodal et que nous ne pouvions donc espérer être payé en retour d'une activité obligatoire. » Alors, le père du roi s'avança et dit : « Vous devez assumer vos charges féodales comme tout le monde. »

56. Les chaudronniers ne sont pas exempts de participation à la collecte de la glace, de participer à la construction des fortifications et des routes royales, ou encore de participer aux vendanges. Les paysans effectueront leur service féodal pour les mêmes occasions.

112. Si le propriétaire d'un terrain soumis à obligation disparaît, et

que l'on donne ce terrain à un autre homme, alors les trois premières années, celui-ci n'aura pas d'obligation envers ce champ. Mais dès la troisième année, il devra se joindre à la communauté de ceux qui ont des obligations.

LES DROITS CIVILS

Droits patrimoniaux, éléments de richesse pour le titulaire.

La propriété :

46. Si dans un village quelqu'un reçoit un terrain en héritage s'il reçoit pour lui seul la plus grande partie d'un champ, il devra s'acquitter de son entretien. Mais si sa part reçue du champ est minoritaire, il n'aura pas à s'en acquitter, et ce sera sa famille qui en aura la charge. Si un héritier décide de partager le terrain pour s'en accaparer une partie (...) alors cet héritier devra s'acquitter de leur entretien.

47. Si quelqu'un devient propriétaire d'un terrain par la grâce royale, alors il n'a pas à s'occuper du terrain. Sur le trésor, le roi lui fournira de quoi manger.

48. Si un veilleur est employé à la surveillance et à l'entretien des champs, que personne ne tente d'acheter son fils, ses terres ou ses vignes. Quiconque sera pris à commercer dans son dos se verra confisquer les sommes qui reviendront à l'hippara. Version tardive : l'acheteur fautif sera transféré devant le tribunal royal.

52. L'esclave d'un homme du commun, ou l'esclave d'un prince, ainsi que toute personne soumise au port de l'emblème du roseau, s'il <u>possède</u> des terres soumises à charge (ukul) devra s'acquitter de ses services civiques.

112. Si le propriétaire d'un terrain soumis à obligation disparaît, et que l'on donne ce terrain à un autre homme, alors les trois premières années, celui-ci n'aura pas d'obligation envers ce champ. Mais dès la troisième année, il devra se joindre à la communauté de ceux qui ont des obligations.

Droits personnels.

Ils créent un lien entre deux personnes en vertu duquel une personne (créancier) peut exiger de l'autre (débiteur) l'exécution d'une obligation.

6. Si quelqu'un, homme ou femme est tué dans une autre ville, la famille de la victime s'emparera de 12 000 m2 de la propriété du coupable et la considérera comme la sienne.

45. Si quelqu'un trouve quelque chose, il doit le rapporter à son propriétaire, duquel il obtiendra une récompense.

DROIT DE LA FAMILLE

La promesse de mariage (fiançailles)

28. Si une jeune fille est promise à un homme et si un autre l'enlève, aussitôt qu'il l'enlève, tout ce que le premier prétendant a donné, les parents de la fille lui restitueront et compenseront ses pertes. Si le père et la mère la donnent finalement à un autre homme, ils devront restituer ce qui a été donné. S'ils refusent, leur fille ne pourra pas être mariée au nouveau prétendant.

29. Si une fille a été promise à un homme qui a déjà offert des cadeaux pour se marier avec elle, mais qu'après ça les parents contestent l'arrangement, elle pourra retourner vivre avec ses parents. Mais alors ceux-ci devront rendre les cadeaux qu'ils avaient reçus au double de leur valeur.

30.Si un homme promet à une fille de l'épouser mais finalement refusez de le faire, il ne pourra pas récupérer les cadeaux qu'il a apportés.

Le mariage

32. Si un esclave prend une femme libre comme femme, il en sera de même. La majorité des enfants reviendra alors à la mère et l'esclave n'en gardera qu'un avec lui.

33. Si un esclave marie une esclave, il en sera de même. Les enfants reviendront à la mère, et l'esclave n'en gardera qu'un avec lui.

34. Si un esclave paie le prix d'une femme libre et la prend pour femme, personne ne pourra la sauver du statut d'esclave.

35. Si un berger marie une femme libre, elle ne sera esclave que pendant trois ans.

175. Si un berger ou un contremaître prend une femme libre en mariage, elle deviendra une esclave après deux ou quatre ans ? Ses enfants seront des esclaves, mais on ne pourra saisir leurs propres richesses.

Le divorce

26. Si une femme veut divorcer, l'homme devra lui rendre sa liberté. Alors, elle prendra pour elle une partie des graines et l'homme gardera les propriétés et les enfants.

31. Si, un homme libre tombe amoureux d'une esclave et la prend pour femme, et construit avec elle un foyer et y fait naître des enfants, si après coup ils deviennent hostiles l'un envers l'autre, en viennent aux mains, leurs biens seront divisés entre eux, et si l'homme garde les enfants, la femme en gardera un avec elle.

LE DROIT DE LA PERSONNE

L'esclavage

22. Si un esclave s'enfuit et que quelqu'un le ramène, s'il l'appréhende dans les environs, alors le maître lui donne des chaussures ; s'il l'appréhende de ce côté-ci du fleuve, le maître lui donne 2 sicles d'argent (16 g) ; si c'est de l'autre côté du fleuve, alors il lui donne 3 sicles d'argent (24g).

36. Si un esclave paie le prix nécessaire pour obtenir un homme libre et faire de lui son gendre, personne ne pourra le sauver de l'esclavage.

175. Si un berger ou un contremaitre prend une femme libre en mariage, elle deviendra une esclave après deux ou quatre ans. Ses enfants seront des esclaves, mais on ne pourra pas saisir leurs propres richesses.

LE DROIT PENAL

Réprime les comportements asociaux

LES ATTEINTES AUX BIENS

L'incendie volontaire

998. Si homme libre met le feu à une maison, il reconstruit la maison, et ce qui dans la maison est perdu, que ce soit une

personne, un bœuf ou un mouton, il ne les rembourse pas comme des choses précieuses.

99. Si un esclave met le feu à une maison, et si son maître indemnise pour lui, on mutile habituellement le nez et les oreilles de l'esclave et on le rend à son maître. Mais si celui-ci n'indemnise pas, il le chasse aussi.

100. Si quelqu'un met le feu à un hangar, il continue à nourrir les bœufs de son propriétaire jusqu'au printemps suivant, et il rend le hangar. S'il n'y a pas de paille dedans, alors il reconstruit seulement le hangar.

La dégradation des biens

104. Si quelqu'un abîme un poirier ou un prunier, il devra s'acquitter (illisible). Somme à prendre sur ses biens

107. Si un homme laisse entrer des moutons dans les vignes cultivées et les endommage, si elles sont en fruit, pour un IKU il donne 10 sicles d'argents et il s'acquitte pour sa maison, mais si elles sont vides, il donne 3 sicles d'argent.

127. Si durant une dispute quelqu'un casse une porte, il devra remplacer tout ce qui a été cassé dans la maison et payer 40 sicles d'argent qu'il devra rendre sur ses propres biens.

LE VOL

Le maraudage agricole (vol de récolte)

101. Si quelqu'un vole une vigne, une bouture de vigne, un oignon ou une gousse d'ail, anciennement l'amende était d'un sicle d'argent par bouture, par oignon ou par gousse d'ail, et le voleur devait rendre ce qu'il avait volé. À présent, l'amende est de 6 sicles d'argent pour un homme libre et de 3 sicles d'argent pour un esclave.

103. Si quelqu'un vole des plantes, s'il a volé 0,25 m2 de culture, il devra la replanter et s'acquitter d'un sicle d'argent. S'il a volé 0,51 m2 de culture, il devra la replanter et s'acquitter de 2 sicles d'argent.

108. Si quelqu'un vole des pieds de vigne venant d'une vigne enclose, s'il s'agit de cent arbres, il donne 6 sicles d'argents et il s'acquitte pour sa maison. Mais s'il n'y a pas de clôture, et s'il

vole un pied de vigne, il donne 3 sicles d'argent.

109. Si quelqu'un isole un verger du canal, s'il s'agit de cent arbres, il donne 10 sicles d'argent.

Le vol d'animaux de ferme

57. Si quelqu'un vole un taureau (à savoir qu'un veau sevré ou un veau d'un an, ne sont pas des taureaux, seul un bovin âgé de deux ans est considéré comme un taureau), anciennement il devait s'acquitter de 30 bovins. À présent il ne doit plus s'acquitter que de 15 bovins, à savoir 5 âgés de deux ans, 5 d'un an et 5 touts justes sevrés. Somme qu'il devra prendre sur ses biens.

58. Si quelqu'un vole un cheval de race, s'il est sevré, ce n'est pas un cheval de race ; si c'est un cheval d'un an, ce n'est pas un cheval de race ; si c'est un animal de deux ans, c'est un cheval de race ; autrefois n'avait l'habitude de donner trente chevaux, et maintenant le coupable donne quinze chevaux : cinq chevaux de deux ans, cinq chevaux d'un an, cinq chevaux sevrés, il les donne et il s'acquitte pour sa maison.

59. Si quelqu'un vole un mouton de race, autrefois on avait l'habitude de donner trente moutons et maintenant le coupable donne quinze moutons : cinq brebis, cinq béliers, cinq agneaux il les donne et il s'acquitte pour sa maison.

60. Si quelqu'un trouve un taureau et le castre, si le propriétaire le réclame, celui qui l'a trouvé devra s'acquitter de 7 bovins, à savoir : 2 de 2 ans, 3 d'un an et 2 qui viennent tout juste d'être sevrés. Somme qu'il devra prendre sur ses biens.

61. Si quelqu'un trouve un étalon et le castre, si son propriétaire le réclame, celui qui l'a trouvé devra s'acquitter de 7 chevaux, dont 2 de 2 ans, 3 d'un an et 2 qui viennent d'être sevrés. Somme à prendre sur ses biens.

62. Si quelqu'un trouve un bélier et le castre, si son propriétaire le réclame, celui qui l'a trouvé devra s'acquitter de 7 moutons, dont 2 brebis, 3 moutons de laine et 2 moutons immatures. Somme à prendre sur ses biens.

63. Si quelqu'un vole un bœuf de trait, avant il s'acquittait de 15 bovins, mais à présent il ne s'en acquitte que de 10, à savoir : 3 de deux ans, 3 d'un an et 4 à peine sevrés. Somme à prendre sur ses biens.

64. Si quelqu'un vole un cheval de trait, la sanction est la même.

65. Si quelqu'un vole un bouc, un cerf domestiqué ou un bouquetin domestiqué, la sanction sera la même que pour le vol d'un bœuf ou d'un cheval de trait.

67. Si quelqu'un vole une vache, anciennement il devait s'acquitter de 12 taureaux, à présent il s'en acquitte de 6, à savoir : 2 de deux ans, deux d'un an et deux autres tout juste sevrés. Somme à prendre sur ses biens.

68. Si quelqu'un vole une jument, la sanction est la même [2 de deux ans, deux d'un an et deux autres tout juste sevrés.]

69. Si quelqu'un vole une brebis ou un mouton de laine, anciennement il devait s'acquitte de [...] moutons, mais à présent il devra s'en acquitter de 6, dont 2 brebis, 2 moutons de laine et 2 moutons immatures. Somme à prendre sur ses biens

70. Si quelqu'un vole un bœuf, un cheval ou un âne, si son propriétaire le réclame, le voleur devra lui rendre au double ce qu'il lui a volé. Somme à prendre sur ses biens.

71. Si quelqu'un trouve un bovin, un cheval ou une mule, il devra le conduire jusqu'aux portes du domaine royal. S'il le trouve dans la campagne, il devra le présenter aux anciens. Celui qui a trouvé l'animal pourra l'exploiter, et celui à qui il appartient, lorsqu'il le retrouvera, ne pourra pas porter plainte contre celui qui l'a trouvé. Cependant, celui-ci sera considéré comme un voleur s'il n'a pas mis au courant les anciens de sa trouvaille.

73. Si quelqu'un [cache] un bovin, il est considéré comme un voleur et doit s'acquitter des mêmes peines.

81. Si quelqu'un vole un cochon engraissé, anciennement, il aurait dû s'acquitter de 40 sicles d'argent, mais à présent il ne s'en acquittera que de 12. Somme à prendre sur ses biens.

82. Si quelqu'un vole un cochon dans une cour, il devra s'acquitter de 6 sicles d'argent. Somme à prendre sur ses biens.

Le vol d'autres animaux

119. Si quelqu'un vole un oiseau d'étang dressé ou une perdrix dressée, autrefois avait l'habitude de donner une mine d'argent et maintenant le coupable donne 12 sicles d'argent et il s'acquitte pour sa maison.

120. Si quelqu'un vole des oiseaux en cage, s'il y a dix oiseaux, il devra s'acquitter d'1 sicle d'argent.

Les vols simples

110. Si quelqu'un vole de l'argile depuis une fosse, quoi qu'il ait volé, il devra rendre au double ce qu'il a pris.

102. Si quelqu'un vole du bois depuis un stock, s'il a volé un talent (30,78 kg), l'amende sera de 3 sicles d'argent, s'il a volé 2 talents (61,56 kg) elle sera de 6 sicles d'argent. S'il a volé 3 talents (92,34 kg) ou plus, il sera mené devant le tribunal royal.

124. Si quelqu'un vole (un outil lié aux arbres) il devra s'acquitter de 3 sicles d'argent. Si un paysan décharge sa charrette dans un champ et la laisse sans attention, si, on lui vole, le voleur devra s'acquitter de 3 sicles d'argent.

125. Si quelqu'un vole un abreuvoir en bois, il devra s'acquitter d'1 sicle d'argent. Si quelqu'un vole une échelle, il devra s'acquitter d'1 sicle d'argent.

128. Si quelqu'un vole des briques, quel que soit leur nombre, il devra les rendre au double. Si quelqu'un vole des pierres depuis une carrière, pour deux pierres volées, il en rendra dix. Si quelqu'un vole une pierre, il paie 2 sicles d'argent.

131. Si quelqu'un vole un harnais en cuir, il devra s'acquitter de 6 sicles d'argent qu'il prendra sur ses biens.

132. Si un homme libre vole un (illisible) il devra s'acquitter de 6 sicles d'argent qu'il devra prendre sur ses biens. Si c'est un esclave, il devra payer 3 sicles d'argent.

Les vols qualifiés graves en fonction de l'importance de la sanction

121. Si quelqu'un vole une charrue et que le propriétaire s'en aperçoit, il lui mettra le cou sous les sabots du bœuf et celui-ci lui marchera dessus pour le mettre à mort. On faisait ainsi dans le temps, mais à présent, il s'acquittera de 6 sicles d'argent. Un esclave s'acquittera de 3 sicles d'argent.

126. Si quelqu'un vole une (lance) près des portes du Palais, il s'acquittera de 6 sicles d'argent. Si quelqu'un vole une lance en bronze près des portes du Palais, il devra être mis à mort. Si quelqu'un vole une broche en cuivre, il devra s'acquitter de 25 litres d'orge. Si quelqu'un vole du fil, il devra s'acquitter de toute une bobine de fil à tisser.

129. Si quelqu'un vole du cuir (illisible) ou la cloche en bronze d'un cheval ou d'une mule, anciennement il devait s'acquitter de 40 sicles d'argent, mais à présent il s'acquittera de 12 sicles d'argent qu'il devra prendre sur ses biens.

130. Si quelqu'un vole (un animal illisible), un bœuf ou un cheval, il devra s'acquitter (illisible) sicles d'argent, qu'il devra prendre sur ses biens.

Les vols qualifiés en fonction de leur nature : le cambriolage

93. Si on se saisit d'un homme libre sur le seuil et s'il n'est pas encore entré à l'intérieur de la maison, il donne 12 sicles d'argent. Si on se saisit d'un esclave sur le seuil et s'il n'est pas encore entré à l'intérieur de la maison, il donne 6 sicles d'argent.

94. Si un homme libre cambriole une maison, il devra en payer le prix. Anciennement, il devait s'acquitter d'une amende de 40 sicles d'argent, mais maintenant il n'en paie que 12. S'il a beaucoup volé, il se verra imposer une plus forte amende. Au contraire, s'il a peu volé son amende sera plus petite. Somme à prendre sur ses biens.

95. Si un esclave cambriole une maison, il devra en payer le prix. Il devra s'acquitter de 6 sicles d'argent et on lui coupera le nez et les oreilles, puis on le renverra chez son propriétaire. S'il a volé beaucoup, on lui fera lourdement payer. S'il a peu payé, on imposera une punition moins sévère. Si son propriétaire propose de s'acquitter de son vol, il le fera et récupérera son esclave, mais s'il refuse de le faire, il ne le récupérera pas.

96. Si un homme libre cambriole un grenier et vole du grain dans un silo, il devra remplir ce silo de grain et s'acquitter de 12 sicles d'argent. Somme à prendre sur ses biens.

97. Si un esclave cambriole un grenier et vole du grain dans un silo, il devra remplir ce silo et s'acquitter de 6 sicles d'argent. Somme à prendre sur ses biens.

Les vols punis en fonction de la qualité de leur auteur

132. Si un homme libre (illisible) il devra s'acquitter de 6 sicles d'argent qu'il devra prendre sur ses biens. Si c'est un esclave, il

devra payer 3 sicles d'argent.

134. Si un homme libre, (vole ou casse) une roue, il devra s'acquitter de 25 litres d'orge par roue. Si c'est un esclave, il devra s'acquitter de (12,5) litres d'orge par roue.

143. Si un homme libre vole des plaques ou des pointes de cuivre, il devra s'acquitter de 6 sicles d'argent qu'il prendra sur ses biens. S'il s'agit d'un esclave, il devra s'acquitter de 3 sicles.

LES ATTEINTES A LA PERSONNE

Les violences légères

4. Si quelqu'un frappe un esclave, homme ou femme, il le rapporte et il donne une personne. Il s'acquitte pour sa maison.

9. Si quelqu'un blesse une personne à la tête, autrefois on avait l'habitude de donner 6 sicles d'argent. Le blessé prenait 3 sicles d'argent, on avait l'habitude de prendre 3 sicles d'argent pour le palais. Maintenant, le roi a supprimé la part de palais et seul le blessé prend 3 sicles d'argent.

Les violences graves :

8. Si quelqu'un éborgne ou casse les dents d'un esclave homme ou femme, il s'acquitte de 10 sicles d'argent et il s'acquitte pour sa maison.

10. Si quelqu'un blesse une personne et la rend infirme, il la soigne, et à sa place, il donne un homme. Celui-ci ne cesse de travailler dans la maison du blessé jusqu'à ce que celui-ci guérisse. Mais lorsqu'il est guéri, alors le coupable lui donne 6 sicles d'argent, et au médecin, il donne aussi des honoraires.

11. Si quelqu'un blesse le bras ou le pied d'un homme libre, il devra s'acquitter de 20 sicles d'argent et sa maison en sera quitte. Si la personne n'est pas handicapée à vie, la somme ne sera que 10 sicles d'argent.

12. Si quelqu'un blesse le bras ou le pied d'un esclave et si cet esclave est handicapé à vie, le coupable devra s'acquitter de 10 sicles d'argent. Si la blessure guérie, il ne donnera que 5 sicles d'argent.

13. Si quelqu'un mord le nez d'un homme libre, il devra s'acquitter de 40 sicles d'argent et sa maison sera quitte.

14. Si quelqu'un mord le nez d'un esclave, homme ou femme, il devra s'acquitter de 3 sicles d'argent et sa maison sera quitte.
15. Si quelqu'un arrache l'oreille d'un homme libre, il devra s'acquitter de 12 sicles d'argent et sa maison sera quitte.
16. Si quelqu'un arrache l'oreille d'un esclave homme ou femme, il devra s'acquitter de 3 sicles d'argent et sa maison sera quitte.

Les atteintes sexuelles.

196. Quiconque, homme ou femme ayant des pratiques sexuelles interdites, devra être exilé en quel qu'autres lieux. L'un ira s'installer dans une cité, l'autre dans une autre cité. Un mouton sera sacrifié pour lui et un autre mourra pour elle.[1]
197. Si un homme viole une femme dans les montagnes, il est coupable et devra être mis à mort. Mais si l'homme la viole dans une maison, ce sera elle qui sera coupable et qui devra être mise à mort. Si le mari les surprend et les tue, il n'y aura là aucune offense.
198. Si le mari les emmène devant le tribunal royal et dit : « ma femme ne doit pas mourir » alors sa vie sera épargnée. Mais il devra aussi épargner la vie de l'homme et se couvrir la tête [expression à la signification méconnue]. Si au contraire, il demande qu'ils soient mis à mort, ils devront tous deux mourir du supplice de la roue. Le roi a le pouvoir de les tuer ou de les épargner.

Les homicides involontaires

43. Si un homme a l'habitude de faire traverser le fleuve à son bœuf et si quelqu'un d'autre le pousse de côté et se saisit de la queue du bœuf et traverse le fleuve et si le fleuve emporte le propriétaire du bœuf, alors on se saisit de lui-même.
44. Si quelqu'un fait tomber quelqu'un dans un feu et qu'il en meurt, il devra donner son Fils en retour
174. Si deux hommes se battent et que l'un d'eux meurt, l'autre

---

1 Le traité d'alliance qui lie le Suppiluliuma 1er (1344 à 1322 av. J.-C.) à Huqqana, roi du pays barbare de Hayasa, mentionne une rigoureuse liste des pratiques sexuelles interdites en pays hittite. Sous peine de mort, l'inceste est interdit entre le père et la fille, mais aussi entre le frère et sœur, le cousin et la cousine. Il est par ailleurs précisé qu'il est permis de festoyer avec sa belle-sœur et de l'accueillir dans sa maison, mais pas de la désirer.

devra s'acquitter d'un esclave.

Les homicides volontaires

Telipinu 49 : Si quelqu'un commet un meurtre, il adviendra de lui ce que décideront les héritiers de la victime. S'ils disent « qu'il vive », alors il vivra. S'ils disent « qu'il meurt » alors il mourra. Le roi n'a pas à intervenir dans la décision.

5. Si quelqu'un tue un marchand de Hatti, même à l'étranger, il devra s'acquitter de 4.000 sicles d'argent (32 kg) et il sera quitte pour sa maison.

5,2. (plus tardif) Si quelqu'un tue un marchand de Hatti en plein milieu de ses affaires, le coupable devra s'acquitter de 3 fois la valeur des biens engagés dans l'affaire. Mais si le marchand n'avait pas ses biens autour de lui, le coupable devra payer 240 sicles d'argent (2 kg).

1. Si quelqu'un tue un homme ou une femme à la suite d'une querelle, il rapporte le cadavre et il donne quatre personnes, hommes ou femmes, et il s'acquitte pour sa maison

2. Si quelqu'un tue un ou une esclave à la suite d'une querelle, il rapporte le cadavre et il donne deux personnes, hommes ou femmes, et il s'acquitte pour sa maison.

3. Si quelqu'un frappe un homme ou une femme libre et que la victime en meurt, sa main se rendant coupable d'un crime, il rapporte le cadavre et il donne deux personnes et il s'acquitte pour sa maison.

17. Si quelqu'un cause la fausse couche d'une femme libre, si elle s'approchait du terme, il lui donnera 10 sicles d'argent, et si elle approchait du 5e mois, il lui donnera 5 sicles d'argent.

18. Si quelqu'un cause la fausse couche d'une esclave, si elle s'approchait du terme, il lui donnera 5 sicles d'argent.

37. Si quelqu'un s'enfuit avec une femme et qu'un groupe de personnes leur donne la chasse, si durant la poursuite deux ou trois hommes sont tués, il n'y aura pas de compensation.

39. Si des personnes sont arrêtées pour un procès, et si quelqu'un leur vient en aide, et si alors les adversaires en viennent à se disputer et s'il frappe l'aide et si celui-ci meurt, il n'existe pas d'indemnisation.

LES DROITS SOCIAUX
Règles régissant les relations individuelles et collectives du travail

LE DROIT DU TRAVAIL

Le salaire de l'employé

145. Un employé qui construit une étable pour les bœufs recevra 6 sicles de son employeur. S'il quitte le chantier avant son terme, il ne pourra prétendre être payé.
150. Si un homme se met au service d'un autre, il devra être payé [illisible] sicles par mois. Si une femme se met au service de quelqu'un, elle devra être payée [illisible] sicles par mois.
158. Si un homme est employé comme moissonneur et qu'il lie les gerbes, les transporte sur une charrette, les entrepose dans le grenier et nettoie derrière lui, il devra recevoir 1500 litres d'orge pour trois mois de travail. Si une femme effectue le même emploi, elle touchera 600 litres d'orge [pour deux mois (Fontanille) ou trois mois (Roth)].
159. Si quelqu'un attelle une paire de bœufs et les mène aux champs, son salaire est de 25 litres d'orge.
160. Si un forgeron fabrique une boîte en cuivre, d'une mine et demie, son salaire sera de 5000 litres d'orge. S'il forge une hache en bronze de deux mines, son salaire sera de 50 litres de blé [25 litres d'épeautre pour Fontanille]
161. Si un forgeron fabrique, une hache en cuivre d'un poids d'une mina, son salaire sera de 50 litres d'orge.

Le salaire de l'apprenti

176. Si quelqu'un achète un apprenti artisan, qu'il soit potier, forgeron, menuisier, maroquinier, tailleur, tisserand ou dentellier, il devra payer 10 demi-sicles d'argent.
200. Si quelqu'un donne un fils à instruire, soit comme charpentier, soit comme forgeron, comme tisserand, comme cordonnier, comme fouleur, il donne 6 sicles d'argent comme salaire de l'instruction ; s'il ne l'introduit pas, alors il donne une personne.

L'esclave

20. Si un Hittite enlève un esclave Hittite loin du pays Louvite et l'emmène en pays Hatti, et si son maître le reconnaît pour sien, alors le coupable donne à celui-ci 6 sicles d'argent (96 g) et il s'acquitte pour a maison.

21. Si, pour l'amener à Hatti, quelqu'un vole un esclave du pays des Louvites et appartenant à un Louvite, et que son maître le découvre, il pourra reprendre son esclave mais rien de plus.

LE DROIT MORAL

Le devoir de solidarité

172. Si dans une année de famine, quelqu'un sauve la vie d'un autre, celui qui aura été aidé devra s'acquitter d'un homme. Si celui qui fut aidé est un esclave, il devra s'acquitter de 10 sicles d'argent (80g).

L'hygiène corporelle

25. Autrefois, si quelqu'un était sale dans les baquets des termes, il devait s'acquitter d'une amende de 6 sicles, dont 3 revenaient au Palais. Depuis que le Roi a supprimé sa part d'amende, il ne devra s'acquitter que de 3 sicles d'argent (24 g).

Les pratiques sexuelles

Avec un animal

187. Si un homme a une pratique sexuelle avec une vache, comme il s'agit d'un acte d'accouplement contre nature, il sera mis à mort. Il sera conduit devant le tribunal royal et le roi pourra choisir de le tuer ou de l'épargner ? Cependant le coupable ne devra pas paraître devant le roi.

188. Si un homme a une relation sexuelle avec un mouton, comme il s'agit d'un acte d'accouplement contre nature, il sera mis à mort. Il sera conduit devant le tribunal royal et le roi pourra choisir de le tuer ou de l'épargner. Cependant, le coupable ne devra pas paraître devant le roi.

199. Si quelqu'un a un rapport sexuel avec un porc ou un chien, il

sera mis à mort. Si un homme faute avec un cheval ou un mulet, il n'y a pas lieu à punition. Il ne peut plus paraître devant le roi et ne devient pas prêtre. Si un taureau viole un homme, l'animal devra mourir mais pas l'homme. Un mouton sera sacrifié en échange de l'homme. Si un porc viole un homme, il n'y a pas de punition. Si l'homme a des rapports sexuels avec une étrangère, puis avec une autre, et encore une autre, il n'y a pas de punition.

Avec une personne

189. Avoir des relations sexuelles avec sa mère, sa fille ou son fils est une abomination.

190. Si un homme et une femme ont une relation sexuelle consentie, il n'existe pas de punition pour cela. Et si un homme a une relation sexuelle avec sa belle-mère, il n'y a pas non plus de punition, sauf si son père est encore vivant. Il s'agit alors d'un crime capital et le fils devra mourir.

191. Si un homme libre a des rapports sexuels avec des sœurs libres nées d'une même mère, et avec leur mère, si ces femmes vivent dans des lieux différents, il n'y a pas lieu à punition. Mais si tout cela se passe dans un même lieu, et que l'homme sait qu'elles sont toutes liées entre elles, leurs unions sexuelles ne seront pas permises.

192. Si le mari d'une femme meurt, son épouse prend sa part [fin de ligne manquante].

193. Si un homme a une femme pour épouse et si l'homme meurt, son frère prend la veuve pour épouse, ensuite son père la prend. Si ensuite, son père meurt, et si le fils de son frère prend la veuve pour épouse, il n'y a pas lieu à, punition.

194. Si, un homme libre a des rapports sexuels avec des sœurs esclaves nées d'une même mère, et aussi avec leur mère, il n'y a pas lieu à punition. Des frères qui couchent avec la même femme libre, et un père et un fils qui couchent avec la même femme esclave ou avec la même prostituée, ne sont pas des offenses.

195. Un homme qui couche avec la femme de son frère alors que celui-ci est encore vivant, commet un crime capital et devra être mis à mort. Un homme libre qui a marié une femme libre, puis a fait des avances à sa fille, a commis un crime capital et devra

être mis à mort. De même, un homme qui a marié une fille mais a des relations sexuelles avec sa mère ou ses sœurs commet un crime capital et devra être mis à mort. [Dans la traduction de Roth, il n'est pas fait mention du crime capital mais d'une simple interdiction].

196. Quiconque, homme ou femme, ayant des pratiques sexuelles interdites devra être exilé en quelques autres lieux. L'un ira s'installer dans une cité, l'autre dans une autre. Un mouton sera sacrifié pour lui et un autre mouton pour elle.

197. Si un homme viole une femme dans les montagnes, il est coupable et devra être mis à mort. Mais si l'homme la viole dans une maison, ce sera elle qui sera coupable et qui devra être mise à mort. Si le mari les surprend et les tue, il n'y aura là aucune offense.

LE DROIT RURAL

L'attribution d'un terrain

112. Si le propriétaire d'un terrain soumis à l'obligation disparaît, et que l'on donne ce terrain à un autre homme, alors les trois premières années, celui-ci n'aura pas d'obligation envers ce champ, mais dès la troisième année, il devra se joindre à la communauté de ceux qui ont des obligations.

L'entretien des champs

39. Si une personne est censée s'occuper des cultures d'un autre, il devra effectuer les travaux des champs nécessaires. S'il ne le fait pas, il ne pourra pas la revendre et devra y renoncer. Un champ doit être travaillé et non laissé à l'abandon ou revendu.

40. Si un homme refuse de travailler le terrain dont il a la charge et qu'un autre le fait à sa place, celui qui le remplace devra rédiger un contrat clair et net sur ce qu'il compte faire du terrain et s'en acquitter correctement. S'il ne le fait pas, le champ reviendra au propriétaire initial et les villageois des alentours le travailleront à sa place.

41. Si un homme refuse de travailler le terrain dont il a la charge, et qu'un autre se propose de la faire à sa place, un contrat liant l'employé et l'employeur devra être convenu en y incluant

clairement le partage des bénéfices. Si l'employeur manque à ses obligations, le contrat est rompu, le terrain sera saisi et ses bénéfices reviendront à l'employé.

42. Si quelqu'un engage un homme et si celui-ci part pour une campagne militaire, et s'il meurt, si le salaire est payé, il ne donne pas d'indemnisation. Si son salaire n'est pas donné, il donne une personne et comme salaire, il donne 12 sicles d'argent, et comme salaire d'une femme, il donne 6 sicles d'argent.

105. Si quelqu'un pratique l'agriculture sur brûlis, et que le feu s'étend aux vignes et vergers environnants, si une vigne, un pommier, un poirier ou un prunier prennent feu, il devra s'acquitter de 6 sicles d'argent par arbre et remplacera les arbres abîmés. (Somme à prendre sur ses biens.)

106. Si quelqu'un transporte des braises à travers un champ et que les braises enflamment un arbre et que l'arbre met le feu aux cultures, il devra prendre pour lui le champ brûlé et donner en échange à son propriétaire un autre champ de qualité, qu'il moissonnera pour lui-même.

L'entretien des vignes

113. Si quelqu'un abîme la vigne d'un autre, il gardera pour lui les grappes les plus basses et laissera au propriétaire les plus belles pour faire le meilleur vin possible. Le propriétaire des vignes abîmées pourra se servir dans les plants de vigne de celui qui lui les a abîmées et ce jusqu'à ce que ses et vignes soient remises. Le fautif devra réparer les vignes.

L'irrigation des champs

162. Si quelqu'un détourne un fossé d'irrigation, il devra payer un sicle d'argent. Si quelqu'un est pris à puiser furtivement de l'eau dans une canalisation, [il sera puni], mais qu'il puise de l'eau en aval des cultures, et en deçà des canaux réservés à chacun des agriculteurs, il sera dans son droit.

L'apiculture

91. [Si quelqu'un des abeilles dans un essaim, anciennement] il devra s'acquitter de (illisible) sicles d'argent, mais à présent, il ne

doit plus s'acquitter que de 5 sicles d'argent. Somme à prendre sur ses biens.

92. Si quelqu'un vole deux ou trois ruches, anciennement, sa punition aurait été de l'exposer aux piqûres d'abeilles, mais à présent, il devra s'acquitter de 6 sicles d'argent. Pour le vol d'une ruche sans abeilles à l'intérieur, la peine est de 3 sicles d'argent.

LE DROIT DES ANIMAUX

LA MALTRAITANCE ANIMALE

Sur l'animal de compagnie

87. Si quelqu'un frappe fatalement le chien d'un berger, il devra s'acquitter de 20 sicles d'argent. Somme à prendre sur ses biens.

88. Si quelqu'un frappe fatalement le chien d'un chasseur, il devra s'acquitter de 12 sicles d'argent. Somme à prendre sur ses biens.

89. Si quelqu'un frappe fatalement un chien de garde, il devra payer 1 sicle d'argent.

90. Si un chien dévore un pot de saindoux et que le propriétaire de ce pot le surprend, l'animal sera mis à mort, et on ouvrira son corps pour en récupérer le saindoux. Il n'y aura pas de compensation pour le chien.

Sur l'animal domestique

74. Si quelqu'un casse la corne ou un membre d'un bovin, il deviendra propriétaire du bovin et devra s'acquitter à son ancien propriétaire d'un nouveau bovin de même qualité et en bonne santé. Si ce propriétaire désire garder son animal, alors celui-ci lui sera rendu et celui qui a blessé son animal devra lui donner 2 sicles d'argent.

76. Si quelqu'un maltraite un bovin, un cheval, une mule ou un âne, et que l'animal meurt chez lui, il devra ramener son cadavre et s'acquitter de sa peine.

77. Si quelqu'un frappe une vache enceinte, et qu'elle en fasse une fausse couche, il devra s'acquitter de 2 sicles d'argent. Si quelqu'un frappe une jument enceinte, il s'acquittera de 3 sicles d'argent. Si quelqu'un éborgne un bovin ou un âne, il devra s'acquitter de 6 sicles d'argent. Somme à prendre sur ses biens.

78. Si quelqu'un loue un bovin et lui met un harnais [dangereux ou blessant], et si le propriétaire s'en rend compte, alors celui qui

loue l'animal devra s'acquitter de 50 litres d'orge.

84. Si quelqu'un blesse mortellement une vache enceinte, la peine sera la même

86. Si un cochon entre dans un grenier, un champ ou un jardin et si le propriétaire du lieu frappe.

L'animal d'un coup létal, il devra s'en acquitter à son propriétaire. S'il ne le fait pas, il sera considéré comme un voleur.

162b. Si quelqu'un tue un mouton dans un pâturage, il devra le compenser et remettre sa viande et sa peau.

DROIT DE PROPRIETE SUR L'ANIMAL

60. Si quelqu'un trouve un taureau et le castre ; si le propriétaire le réclame, celui qui a trouvé devra s'acquitter de 7 bovins, à savoir : 2 de 2 ans, 3 d'1 an, et 2 qui viennent tout juste d'être sevrés. Somme qu'il devra prendre sur ses biens.

61. Si quelqu'un trouve un étalon et le castre, si son propriétaire le réclame, celui qui l'a trouvé devra s'acquitter de 7 chevaux, dont 2 de 2 ans, 3 d'1 an, et 2 qui viennent d'être sevrés. Somme à prendre sur ses biens.

62. Si quelqu'un trouve un bélier et le castre, si son propriétaire le réclame, celui qui l'a trouvé devra s'acquitter de 7 moutons, dont 2 brebis, 3 moutons de laine et 2 moutons immatures. Somme à prendre sur ses biens.

66. Si un bœuf de trait, un cheval de trait, une vache ou une jument s'égarent dans le champ d'un autre, ou si un bouc ou une brebis s'égare dans l'étable d'un autre, le propriétaire de ces lieux ne pourra pas porter plainte contre le propriétaire des animaux.

71. Si quelqu'un trouve un bovin, un cheval ou une mule, il devra le conduire jusqu'aux portes du domaine royal. S'il le trouve dans la campagne, il devra le présenter aux anciens. Celui qui a trouvé l'animal pourra l'exploiter, et celui à qui il appartient, lorsqu'il le retrouvera ne pourra pas porter plainte contre celui qui l'a trouvé ? Cependant, celui-ci sera considéré comme un voleur s'il n'a pas mis au courant les anciens de sa trouvaille.

72. Si un bovin est retrouvé mort sur la propriété de quelqu'un cette personne devra s'acquitter de 2 bovins. Somme à prendre sur ses biens.

73. Si quelqu'un [cache] un bovin, il est considéré comme un voleur et devra s'acquitter des mêmes peines.

75. Si quelqu'un attache un bovin, un cheval, une mule ou un âne, et qu'un loup dévore l'animal ou que celui-ci s'échappe, il devra s'en acquitter d'un autre. Mais si le fautif dit que l'animal est mort par la volonté d'un dieu, alors il prêtera serment de ce qu'il prétend.

79. Si un bovin entre dans un champ et que le propriétaire du champ l'y trouve, il pourra l'héberger une nuit avant de la ramener à son propriétaire.

80. Si un loup attaque un mouton, le propriétaire de l'animal récupérera sa viande, mais le berger prendra sa peau.

DROIT DE LA CONSOMMATION

La protection des contractants lors d'une vente

144. Si un barbier donne du cuivre à son associé, et que celui-ci le ruine, alors ce dernier devra rendre ce qu'il a reçu en entier. Si quelqu'un déchire un vêtement de qualité, il devra s'acquitter de 10 sicles d'argent. [Pour un vêtement normal], il devra s'acquitter de 5 sicles.

146. Si quelqu'un met en vente une maison ou un village, un jardin ou un pâturage et si un autre vient et casse la vente et conclut une affaire sur l'affaire, le coupable donne une mine d'argent et achète à l'homme le bien au premier prix d'achat précisément.

147. Si quelqu'un met en vente une personne non qualifiée et si un autre casse le marché, le coupable donne 5 sicles d'argent.

148. Si quelqu'un met en vente un taureau, un cheval, une mule ou un âne, et si un autre casse la vente en proposant la même chose, le coupable donnera [illisible] sicles d'argent.

149. Si quelqu'un vend un ouvrier qualifié mais qu'au moment de la livraison il prétend que celui-ci est mort, et si son nouveau propriétaire le retrouve vivant, alors il s'en emparera et l'ancien propriétaire devra lui donner 2 autres hommes, somme qu'il prendra sur ses biens.

La réglementation des prix

151. Si quelqu'un loue un bœuf de trait, il s'acquittera d'un sicle

d'argent par mois. Si quelqu'un loue un [...] il s'acquittera d'un demi-sicle d'argent par mois.

152. Si quelqu'un loue un cheval ou un âne, il s'acquittera d'un sicle d'argent par mois. [5 lignes manquantes].

157. Si une hache en bronze pèse 1,54 kg, elle se loue un sicle d'argent par mois (8 g). Une hachette en cuivre d'un poids de 0,77 kg se loue un demi-sicle d'argent par mois. (4 g) de même qu'une en bronze d'un demi-kilo.

177, Si quelqu'un achète un homme spécialisé dans la lecture [des augures], il devra payer 25 sicles d'argent. Si quelqu'un achète un homme ou une femme sans talent particulier, il devra payer 20 sicles d'argent.

178. Le prix d'un bœuf de trait est de 12 sicles d'argent. Le prix d'un buffle est de 10 sicles d'argent. Le prix d'une vache mature est de 7 sicles d'argent. Le prix d'un bœuf de trait d'un an est de 5 sicles d'argent. Le prix d'un veau nouveau-né est de 4 sicles d'argent. Si la vache est grosse d'un veau, son prix est de 8 sicles d'argent. Le prix d'un veau est de 2 sicles d'argent (ou 3, selon une variante). Les prix correspondant aux étalons, aux juments, aux ânes mâles ou femelles, sont les mêmes.

179. Le prix d'un mouton est d'un sicle d'argent. Le prix de trois chèvres est de 2 sicles d'argent. Le prix de deux agneaux est d'un sicle d'argent. Le prix de deux chevreaux est d'un demi-sicle d'argent.

180. Le prix d'un cheval de trait est de 20 [ou 10] sicles d'argent. Le prix d'un mulet est d'une mine d'argent. Le prix d'un cheval est de 14 sicles d'argent. Le prix d'un étalon est de 10 sicles d'argent. Le prix d'une jument est de 15 sicles d'argent.

181. Le prix d'un poulain sevré ou d'une pouliche sevrée est de 4 sicles d'argent. Le prix de 4 minas de cuivre est d'un sicle d'argent. Le prix d'une bouteille d'huile fine est de 2 sicles d'argent. Le prix d'une bouteille de saindoux est d'un sicle d'argent. Le prix d'une bouteille de beurre clarifié (ghee) est d'un sicle d'argent. Le prix d'une bouteille de miel est d'un sicle d'argent. Le prix de 2 fromages est d'un sicle d'argent. Le prix de 3 présures est d'un sicle d'argent.

182. Le prix d'un vêtement [classique] est de 12 sicles d'argent. Le prix d'un vêtement fin est de 30 sicles d'argent. Le prix d'un vêtement en laine bleu est de 20 sicles d'argent. Le prix d'un vêtement en [indéchiffrable, pantalon, culotte ?] est de 10 sicles

d'argent. Le prix d'un vêtement [rapiécé ou abîmé] est de 3 sicles d'argent. Le prix d'un vêtement en [indéchiffrable] est de 4 sicles d'argent. Le prix d'un sac en toile est d'un sicle d'argent. Le prix d'une tunique légère est de 3 sicles d'argent. Le prix d'une tunique ordinaire est de [illisible] sicles d'argent. Le prix d'un rouleau d'étoffe pesant 7 minas est de [...] sicles d'argent. Le prix d'un grand rouleau d'étoffe est de 5 sicles d'argent.

183. Le prix de 150 litres de blé est d'un sicle d'argent. Le prix de 200 litres d'orge est d'un demi-sicle d'argent. Le prix de 50 litres de vin est de d'un demi-sicle d'argent. [Le prix de 50 litres de ... est de ...] Le prix de 3600 mètres carrés de champs irrigué est de 3 sicles d'argent. Le prix de 3600 mètres carrés de champs non irrigué est de 2 sicles d'argent. Le prix d'un champ attenant est d'un sicle d'argent.

184. Voici les tarifs, tels qu'ils furent décidés en ville :

185. Le prix de 3600 mètres carrés de vigne est de 40 sicles. Le prix de la peau d'un bœuf adulte est d'un sicle d'argent. Le prix de la peau de 5 veaux est d'un sicle d'argent. Le prix des peaux de 10 bœufs est de 40 sicles d'argent. La peau d'une brebis est d'un sicle d'argent. Les peaux de 10 jeunes brebis sont d'un sicle d'argent. Le prix des peaux de 4 chèvres est d'un sicle d'argent. Le prix de 15 peaux de chèvre abîmées est d'un sicle d'argent. Le prix des peaux de 20 chevreaux est d'un sicle d'argent. Le prix des peaux de 20 moutons est d'un sicle d'argent. Le prix des peaux de 20 agneaux est d'un sicle d'argent.

186. Quiconque achète la viande d'un bœuf d'un an, devra fournir en échange une brebis. Quiconque achète la viande de 5 veaux sevrés, devra fournir en échange une brebis. Quiconque achète la viande de 10 veaux, devra fournir en échange une brebis. Quiconque achète la viande de 20 brebis, devra fournir en échange une brebis. Quiconque achète la viande de 20 agneaux devra fournir en échange une brebis. Quiconque achète la viande de 20 chèvres devra fournir en échange une brebis.